LE
COMBAT D'ÉPINAL

(12 octobre 1870)

PAR

UN ANCIEN ELÈVE DU LYCÉE DE STRASBOURG

ÉPINAL

IMPRIMERIE BUSY FRÈRES

1871

Tous droits réservés

LE COMBAT D'ÉPINAL

La garde nationale avait été établie à Epinal vers la fin du mois d'août. Composée de sept compagnies, elle avait élu pour commandant M. Martin, ancien élève de l'école polytechnique, conducteur des ponts-et-chaussées, chef un peu brusque, mais dévoué à ses hommes, et d'une capacité incontestable. Grâce à son énergique impulsion, le bataillon d'Epinal fut bientôt organisé et prêt à toutes les éventualités. Sans parler des chefs qui, presque tous anciens soldats ou sous-officiers de l'armée, connaissaient fort convenablement leur métier d'instructeurs, les gardes nationaux mettaient à ces exercices, nouveaux pour la plupart d'entre eux, une bonne volonté telle, un entrain si décidé, que bientôt on fut en état de tenir campagne.

Nancy ayant été occupé par l'armée allemande dès le 15 août, Epinal, ville ouverte, entièrement dépourvue de garnison, était à la merci de l'ennemi. La garde nationale ne comptait donc pas être appelée à défendre efficacement la cité. Mais nous pensions alors qu'un corps de troupe serait bientôt amené dans les Vosges, auquel la garde nationale d'Epinal aurait dû se joindre comme troupe auxiliaire, et dont le but aurait été d'intercepter les communications de l'ennemi. La chute de Strasbourg, survenue au moment où ce corps commençait en effet ses opérations dans les Vosges, changea la face des événements.

Du reste, à partir du 10 septembre, on eut à Epinal alerte sur alerte. Pas un soir ne se passait sans que l'on nous annonçât l'arrivée imminente des Prussiens. C'était chaque fois un motif pour pousser des reconnaissances dans la direction de Girecourt ou de Girmont. On y allait bravement, vingt ou trente, chacun irréprochablement astiqué, la baïonnette au bout de la carabine, l'air martial. C'était un spectacle des plus amusants de nous voir réunis le soir, à neuf heures, sur la place des Vosges, au moment d'une de ces expéditions. On riait, on se serrait la main, on se faisait mutuellement les plus sages recommandations, surtout on s'exhortait à la prudence ; de s'engager à bien faire, il n'était et ne pouvait être question : Sous le veston de chaque garde national battait un cœur de patriote.

Mais qu'arrivait-il d'ordinaire ? Une fois rangés en bon ordre, on nous menait à la commune. Là on nous distribuait à chacun le chiffre fabuleux d'une cartouche. Cette prodigalité sordide nous faisait pousser les hauts cris. On n'entendait dans la grande salle du premier étage que ces mots : « Je veux d'autres cartouches. — Je ne pars pas sans cartouches. — Il m'en faut deux douzaines au moins. » Le brave capitaine Bonnin, à la lueur d'une seule chandelle qui semblait encore doubler l'obscurité, nous répondait, et cela était vrai, qu'il avait reçu de la préfecture l'ordre formel de ne point délivrer d'autres munitions. Ce renseignement n'était pas fait pour calmer notre fureur. Le capitaine, jouant malgré lui les Ponce-Pilate, déclarait s'en laver les mains. On jurait avec ensemble de ne pas partir, et quand retentissait le mot : En avant, les hommes de bonne volonté ! pas un ne manquait à l'appel.

Ces aptitudes merveilleuses pour l'art militaire devaient bientôt trouver l'occasion de se donner libre champ.

Deux expéditions notables furent faites par la garde nationale d'Epinal ; l'une au col de Bramont, l'autre à Champdray.

La première affaire fut décidée assez brusquement, un dimanche, vers les cinq heures du soir. Une heure plus tard, deux cents volontaires, commandés par M. Martin, se dirigeaient au pas de course et en bon ordre vers la gare. La ville était en révolution. La place des Vosges était envahie par un flot de populaire fiévreux, furieux, surtout en ce qui concerne le sexe faible, qui faisait rage, jetait feu et flamme. Certes, si les Prussiens se fussent montrés alors, les dames françaises leur eussent arraché les yeux. Enfin, tout alla pour le mieux : l'expédition dura trois jours ; on ne vit nulle part l'ennemi, du moins de trop près. On coucha gaiement en plein air, sous les sapins des Vosges, par un froid glacial, mordu par une bise endiablée. Les nuits d'octobre sont terribles dans nos montagnes. On poussa de hardies reconnaissances, mais heureusement il n'y eut ni mort ni blessé. Quelques indispositions légères seules se manifestèrent, mais l'onde pure des torrents neigeux éteignit sans peine le feu intérieur qui dévorait ces imprudents.

Ce fut le 7 octobre qu'eut lieu le voyage de Champdray.

L'armée des Vosges, commandée par le général Dupré, venait de perdre la bataille de la Bourgonce ou de Nompatelize, qui ouvrait à l'ennemi les défilés des Vosges. Le général Dupré blessé à la tête par un éclat d'obus, avait dû céder son commandement au général Cambriels. Celui-ci se proposait, sans doute de disputer encore le passage à l'ennemi, qui n'avait osé poursuivre nos troupes. Mais le désarroi dans lequel il les trouva fut probablement la cause de sa détermination de battre en retraite et d'abandonner les Vosges à l'ennemi.

Deux cents personnes environ en faisaient partie. D'abord, il y avait eu plus de huit cents volontaires, mais le commandant s'était contenté d'emmener les jeunes gens et les célibataires. Plusieurs pères de famille, résistant aux supplications de leurs enfants, voulurent quand même nous accompagner et partager nos périls. Leurs noms sont bien connus. Il faut même remarquer à ce propos que ce fut de leur part que vinrent, pendant cette campagne, les plus beaux exemples de fermeté et de sang-froid. Parmi ceux qui se distinguèrent le plus, dans toutes les circonstances, il faut citer le bataillon des volontaires de 15 à 21 ans. Ces enfants (plus d'un paraissait n'en pas avoir 12), subirent avec une gaieté parfaite, avec la patience des vétérans, toutes les privations et toutes les fatigues. Les grand'gardes les plus avancées, les factions les plus longues, pendant la nuit, dans les bois, sous une pluie torrentielle, et malgré un vent comme nous n'en avions jamais entendu souffler, en un mot, les corvées les plus ingrates leur furent d'ordinaire confiées ; ils se soumirent à tout sans faire entendre un murmure.

La campagne, du reste, ne présenta aucun incident bien saillant. On fit le trajet d'Epinal à Bruyères, en chemin de fer; nous fûmes dès notre arrivée passés en revue par le brave et sympathique général Cambriels, qui voulut bien ne point se montrer trop mécontent de notre tenue. Puis on établit le camp sur la colline qui commande le chemin de fer, et l'on se disposa à passer la nuit à quelque distance d'une batterie d'artillerie, dont la garde nous était confiée. Le soir, vers sept heures, le camp présentait un aspect des plus pittoresques ; c'était plaisir de voir tous ces jeunes gens courir chercher le bois (il y eut bien un peu de contrebande, malgré la surveillance des chefs), fixer solidement les tentes, allumer les feux, nettoyer leur batterie de cuisine, découper la viande, partager des monceaux de pommes de terre venues un peu de partout. (Voir la parenthèse précédente.)

Un peu plus loin que nous, au bas de la colline, étaient échelonnés les francs-tireurs de la compagnie Dumont, parmi lesquels, en arrivant à midi, nous avions eu le bonheur, que nous ne devions plus avoir, de rencontrer notre brave camarade Hippolyte Brunet si populaire à Epinal sous le surnom de *Canada*. Je me rappelle encore avec quelle cérémonieuse instance d'abord, puis avec quels éclats de rire, il m'engageait, accroupi d'un côté de sa tente, à vouloir bien lui faire l'honneur d'entrer dans ses appartements, qu'il partageait avec un autre franc-tireur, M. Léopold de Conigliano.

A 1,500 mètres environ, dans la plaine, en tirant vers Belmont, campait un bataillon de la mobile des Deux-Sèvres; le lendemain nous fûmes rejoints par un bataillon de la légion d'Antibes. Le 9 octobre, à midi, on leva le camp, et sous les ordres de Cambriels, escorté de trente volontaires admirablement équipés, et qu'on appelait *les Gris*, à cause de la couleur de leur vêtement, nous défilâmes, non sans une certaine majesté le long du chemin qui mène à Champ-le-Duc ; on fit une halte entre ce village et Jussarupt. On avait cru, sur une hauteur apercevoir deux Prussiens. La voiture du général s'arrêta dans un chemin creux : deux *Gris* furent détachés et partirent bride abattue à travers champs ; cependant le général descendu de voiture, escaladait un talus voisin, qui menait à un champ de pommes de terre. En passant devant quelques gardes nationaux, il remarqua leur allure assez martiale, et s'enquit d'où ils venaient :

— Ce sont des gardes nationaux d'Epinal.

— Ah! dit le général, Epinal, bonne et brave ville! Si tout le monde avait fait comme elle, les Prussiens ne seraient pas dans les Vosges.

Puis il ajouta avec un soupir, dans ce langage irrégulier, mais pittoresque du Midi : « Pauvres nous! Pauvres nous! » La lorgnette à la main, il inspectait la position. Voyant que rien n'était de nature à nous inquiéter, et rassuré par le rapport des deux *Gris*, il donna l'ordre à la colonne de continuer sa marche. On fit une halte à Jussarupt, dont les habitants se montrèrent d'une affabilité qui honore leur patriotisme. Après une série de méandres, dont on ne peut se faire une idée, si l'on n'a parcouru cette route, on arriva enfin à l'entrée du village de Champdray. La pluie tombait par larges nappes : nos provisions étaient devenues liquides. Le pain n'était plus mangeable. Pour m'en procurer, il me fallut toute la rhétorique de Batteux ; un de mes amis réquisitionna sur la cheminée d'une ferme une douzaine de petits oignons, qui, l'appétit aidant, nous firent comprendre toute l'affection rétrospective des Hébreux pour ces lacrymatoires compatriotes des Pyramides. Après une halte d'une grande heure mortelle, on nous permit d'entrer dans une plaine qui n'était plus qu'un vaste marais, et l'on nous enjoignit d'y installer nos tentes. Je crus un moment que le général Cambriels nous faisait une mauvaise plaisanterie, et qu'il voulait seulement nous mettre à l'épreuve. Mais l'ordre était sérieux.

Je dus aller à la recherche de deux bottes de pailles que je rapportai tant bien que mal, l'une sur mon dos, l'autre à la main, et courbé ! Un coup de vent formidable détermina la catastrophe. Je tombai sur la première botte, la seconde tomba sur moi ; je disparus !

Quelques instants après, le commandant Martin convaincu par nos instances, fit revenir le général sur sa résolution première. Il nous fut permis de loger dans les maisons ; une idée commune nous réunit chez l'instituteur, au nombre de cinq, joyeux vivants et résolus. Le maître de céans nous offrit l'hospitalité la plus écossaise, et des lits. J'en appelle ici à tous ceux qui ont fait campagne, couchés dans la neige, blottis dans des réduits à porcs, sur des copeaux ; après quelques nuits pareilles, un lit constitue la plus vive des jouissances qu'il soit donné à l'homme de réaliser.

Après deux jours, où véritablement on ne fut pas trop malheureux, la colonne dut quitter Champdray. Dès le matin, la deuxième compagnie de marche envoya dix volontaires sous les ordres du capitaine Bonnin, pour reconnaître des positions couvertes de broussailles, où des uhlans étaient signalés. Ce petit détachement après avoir accompli courageusement sa mission se maintint en arrière-garde jusqu'au Tholy.

Cependant une moitié de la colonne, sous les ordres du brave capitaine Maulbon, se dirigeait sur Laveline-du-Houx ; l'autre, et j'en faisais partie, ayant campé deux heures, deux siècles, dans l'église du village, prit la route de Remiremont.

Le début de notre expédition faillit prendre un aspect terrifiant. Il était deux heures de l'après-dînée ; la neige, le verglas tombaient dru et nous aveuglaient. On marchait silencieux ; défense de fumer, de chanter. Les Prussiens n'étaient pas loin. A un moment donné, le commandant cria d'une voix stridente : « Halte, chargez vos fusils ! » Ce fut un moment solennel. Je constatai qu'à cette heure, l'amour du foyer paternel prit subitement chez deux ou trois d'entre nous, des proportions inaccoutumées. Plusieurs chargèrent leur arme en suivant une méthode que je n'avais jamais vue indiquer par nos instructeurs ; mais un peu d'émotion pour le baptême du feu n'est pas malséant. On reprit bientôt ses rangs, avec une sorte de joie intime, intraduisible. On allait donc étrenner sa carabine ! Tout à coup, sans aucun avertissement, une détonation épouvantable se produisit au-dessus de nous. Beaucoup se baissèrent et opérèrent un *flectamus genua* des plus réussis. On se regarde ; personne de tué ! Pas de blessé ! Puis on se met à rire. Ce n'était pas une batterie prussienne qui avait fait feu ; c'était un coup de tonnerre des plus sonores, et qui n'avait pas été annoncé par l'éclair réglementaire. La plaisanterie, vraiment, était de mauvais goût !

Cet incident ne contribua pas peu à nous mettre de bonne humeur, et la marche un moment arrêtée, fut reprise avec la décision et la crânerie des vieux soldats d'Afrique. Je n'oublierai jamais le spectacle que présentait cette colonne d'hommes marchant en silence, comme recueillis, ayant fait, sans pose, le sacrifice de leur vie, et traversant insouciamment les profondes et noires gorges des forêts de sapins, ayant à leur gauche d'énormes blocs de granit rouge, à leur droite de larges ruisseaux que grossissait incessamment la pluie qui persistait à nous fouetter le visage de ses rafales glacées, et la neige épaisse dont les flocons énormes nous empêchaient par intervalles de reconnaître les défilés où nous passions. C'était comme une des fameuses marches d'Erckmann-Chatrian. La compagnie était coupée en plusieurs fragments, entre lesquels se trouvaient les caissons et les pièces d'artillerie, que nous suivions d'un œil amoureux et jaloux.

On fit halte à Liézey ; chevaux et hommes avaient besoin de repos. On était trempé et mourant de faim. Les deux gardes nationaux qui demandèrent avec moi l'hospitalité dans une des plus chétives cabanes du village, ont conservé un bon souvenir, j'en suis sûr, de cette pauvre chambre enfumée et si chaude, où une bonne vieille femme faisait sécher nombre de fromages sédentaires, et dont quelques-uns manifestaient déjà des tendances à être mobilisés. Pendant que nous nous séchions nous-mêmes dans le poêle, une douzaine de nos volontaires imberbes jasaient comme un nid de pinsons effarouchés autour du vaste foyer de la cuisine attenante, où ils jetaient, sans se lasser, les prodigues, de monumentales brassées de bois de sarment.

Au bout d'une heure, ragaillardis et ranimés, nous reprenions d'un pas allègre le chemin du Tholy; à six heures du soir, nous touchions Saint-Amé, que venait de quitter un bataillon de la mobile de Saône-et-Loire, épave du sanglant combat livré deux jours auparavant. Nous nous croisâmes en nous saluant silencieusement. En voyant ces rangs rompus, ces uniformes déchirés, ces figures fatiguées, il ne nous fut pas difficile de deviner un malheur. Nous allions bientôt apprendre les détails de cette journée de Nompatelize, où tant de jeunes gens d'Epinal ont trouvé un glorieux trépas. Une heure plus tard le clairon sonnait ses plus joyeuses fanfares; nous entrions dans un des faubourgs de Remiremont, dont les habitants nous accueillirent et nous hébergèrent avec des attentions qui ne tombèrent certes pas sur des ingrats. La matinée du lendemain fut employée à faire une reconnaissance dans la direction de Saint-Nabord; je fus de grand-garde sur le plus avancé de ces gigantesques pitons qui commandent la vallée où serpente le chemin de fer. A 4 heures nos postes furent relevés par un bataillon de zouaves. Le soir, le train nous emportait vers Epinal, où nous appelait instamment un ordre du Préfet. Notre rentrée fut un petit triomphe. Le citoyen George (cette appellation alors n'était pas ridicule) nous adressa un chaleureux discours où il nous remercia, au nom de la patrie, du service que nous avions rendu à l'armée des Vosges, en protégeant l'artillerie de Cambriels.

Le lendemain, un détachement de la 2e compagnie et la compagnie entière des jeunes volontaires exécutent, à la pointe du jour, une reconnaissance sur Dogneville. Vers onze heures, soudain quelque chose de lugubre retentit. C'était à n'en pas croire ses oreilles. Un clairon faisait entendre la sonnerie des incendies; c'était la musique des 24 vieillards de l'Apocalypse. Les visages pâlissent. Pour redonner du courage aux enfants et aux petites filles qui pleuraient et poussaient des cris, les tambours et les clairons de la garde nationale, jettent au vent les notes les plus énergiques de la *générale* et de l'*assemblée*. C'était un tintamarre à réveiller les morts. Des hommes effarés, le fusil à la main, traversent, en courant, la place, la rue de l'Eglise, entrent en criant, par la porte principale, et s'engouffrent dans l'escalier de la tour, pour sonner, disent-ils, le tocsin ! le tocsin !

En un instant la place est remplie par une foule horriblement agitée. Des conseillers municipaux qui passaient, sont insultés. Un citoyen dont le nom est synonyme de loyauté et de patriotisme, M. Jeanmaire, est grossièrement interpellé par un ouvrier qui lui demande les chassepots qui sont à la Préfecture : « Oui, des chassepots, il nous en faut, les Prussiens sont au faubourg Saint-Michel. » A cette dernière révélation ce fut une explosion de la part des marmots de l'un et l'autre sexe. La scène était tragiquement comique. On courait de côté de d'autre sans savoir où. Tout à coup la foule s'ouvre ; c'était une compagnie de francs-tireurs qui, vu son infériorité numérique et les récentes prescriptions si sévères des Prussiens contre toutes les troupes non régulières, s'engageait d'un pas leste dans la rue du Pont, et se dirigeait en toute hâte vers les Forges, où quelques jours après, elle se conduisait admirablement. Le commandant, prévenu depuis quelques minutes, parait tout à coup au milieu d'une vingtaine de gardes nationaux. Incessamment la place était traversée par plusieurs honorables citoyens de la ville, armés, en tenue, qui invitaient avec des clameurs furibondes la population d'Epinal à marcher contre l'ennemi. L'un d'eux pleurait de rage, et donnait contre les pavés de formidables coups de crosse de fusil. Au milieu de cette confusion, la direction manquait. Le commandant était allé prendre les ordres du Préfet. Alors environ vingt-cinq gardes nationaux se mettent à la disposition du sous-lieutenant Enard. Au pas gymnastique on escalade le faubourg Saint-Michel. La foule, émue, nous regardait passer.

Arrivés à la hauteur de la brasserie Buffet, notre chef improvisé nous partage en deux bandes : l'une, traversant une maison particulière, s'engage dans le chemin qui mène à la

Justice ; l'autre prend le sentier de droite qui contourne le mur du Château. Ce fut une course folle, une cavalcade sans nom. Nous arrivons ainsi hors d'haleine à la pointe du mur qui regarde la plaine de Failloux. La seconde troupe, au même moment, apparaissait sur l'autre monticule, à main gauche de la route de Deyvillers. Des deux côtés, on plonge avidement le regard dans toutes les directions. L'horizon était des plus rassurants. Là-bas, un paysan, une femme et une jeune fille arrachaient et mettaient en tas des pommes de terre ; sur le grand chemin, un charretier, le fouet pendant autour du cou, allumait sa pipe.

Toutefois, nous n'étions pas seuls. Les gardes nationaux arrivaient. La direction manquait toujours Je descendis sur la route de Deyvillers, et, par cet adorable sentier qui longe à gauche la dernière maison du faubourg, au bas des grandes roches brûlées, entre deux haies fleuries, ayant à ma droite la plus charmante pelouse, je me précipitai vers la ferme qui se trouve à cent mètres de là ; je traverse la mare qui sépare les deux corps de logis, et vais m'abattre, à bout de forces, dans un bouquet de grandes tiges d'herbe mouillée, au pied d'un vieux mur en pierres sèches. Une femme sort de la grange, et nous dit :

— Messieurs (il y avait avec moi deux francs-tireurs), vous allez faire brûler notre maison.

— Comment cela ?

— Tout à l'heure, il y avait à la place où est ce Monsieur (elle me désignait), deux grands diables de Prussiens à cheval. Ils ont regardé partout, puis ils sont partis, mais ils vont revenir.

Nous la rassurâmes de notre mieux.

Comme le poste que j'occupais était des plus mal choisis, que c'était un véritable trou d'où l'on ne pouvait rien voir, je traversai de nouveau la grand'route, et remontai le long du château. Environ soixante gardes nationaux y étaient réunis. Tous, d'un même accord, nous prenons la direction de Failloux, en suivant le long sentier parallèle à la route de

Deyvillers, et nous nous engageons dans l'avenue de peupliers qui précède la ferme.

Comme on signalait les Prussiens à notre gauche, j'appuyai quelque peu du côté de Razimont; là se trouvaient un certain nombre de stères de bois parfaitement empilé et cubé ; la place était bonne pour la guerre de tirailleurs. On pouvait tirer à son aise, sans s'exposer. J'en fis la remarque à plusieurs gardes nationaux, qui ne m'écoutèrent pas. Tous, en un instant, disparurent dans la cour du château, et, le dépassant, se jetèrent dans la direction de l'étang. Bientôt on entendit plusieurs coups de feu. Nous nous mîmes en position de viser et de lancer quelques balles au hasard, car les Prussiens étaient cachés dans le bois, et rien ne signalait leur présence. Je me rappelle qu'au moment où j'abaissais ma carabine, un sergent, mon voisin, me saisit brusquement le bras et me dit : « Mais vous tirez sur les nôtres, arrêtez. » Cela me donna à réfléchir, et j'attendis. Les coups de feu cependant retentissaient avec rage, à quelque distance. Nous étions une dizaine, incertains, ne sachant que faire, s'il fallait avancer ou reculer, nous porter à droite ou à gauche. Tout à coup le sergent Boutin, dont la conduite dans cette affaire, de l'aveu de tous, a été héroïque, se pose fièrement au milieu du chemin, et, se tournant vers nous : « Allons, qui veut me suivre ? » Environ huit gardes nationaux lui emboîtent le pas, et la petite troupe s'éclipse en un clin d'œil. Ce mouvement fut exécuté avec une telle célérité que, avant même que j'eusse pu constater leur disparition, la place était vide. Je me décidai à rompre d'une centaine de pas. Mais, me voyant seul, et sachant mes compagnons proches de l'ennemi, je pris froidement la résolution de m'exposer encore plus qu'eux. Une jeune fille de dix-neuf ans, que je rencontrai dans l'allée des peupliers, et qui me dit être à la recherche de son père, plus un gamin de treize ans, saute-ruisseau chez un avoué de la ville, tels furent mes compagnons. Au moment où nous nous engagions dans les terres labourées qui s'étendent entre Failloux et la route, un homme parut, joyeux, poussant des cris ; nous reconnûmes un garde national qui traînait, en courant, un sabre, un ceinturon, un casque. C'étaient les dépouilles opimes qu'il avait conquises sur le premier Prussien tué, — tué par lui. La jeune fille s'empare du casque, s'en coiffe, boucle le ceinturon, brandit le sabre et se jette, avec une sorte d'exaltation sauvage, dans l'allée qui mène au château. Quand elle descendit le long du faubourg Saint-Michel, ainsi équipée et armée, avec son casque, d'où sortaient par grandes boucles ses cheveux flottant au vent, ce fut un enthousiasme incroyable. Ce paratonnerre surtout produisait un effet magique.

Pendant ce temps, les dix hommes qui, sur l'ordre du lieutenant Enard, s'étaient engagés dans les terrains de la Justice, avaient gagné la Baudenotte et les prés Saint-Jean, où ils n'arrivèrent qu'après des précautions infinies, vers midi moins un quart. Ils y reçurent les premiers coups de fusil de toute l'action, non cependant sans les avoir provoqués par l'envoi de quelques balles aux éclaireurs prussiens. Le lieutenant tenait le milieu de la route avec quelques hommes seulement. Il y avait une heure environ qu'ils échangeaient un dialogue des plus vifs avec l'ennemi, quand il se sentit débordé ; au moment où il voulait se replier sur le bois de la Voivre, il reçut une balle dans un endroit où un « muet » n'eût pas ressenti la moindre égratignure. L'attention des Prussiens avait été attirée sur lui par le son d'une corne de chasse avec laquelle il sonnait le ralliement. Ses hommes, en ce moment, échelonnés dans les champs qui avoisinent Jeuxey, faisaient face aux tirailleurs du général Werder, qui formaient une ligne suivant le chemin qui descend de la grand'route pour gagner ce dernier village. Soudain le canon prit part à cette petite fête de famille et vomit ses obus et sa mitraille par une batterie d'abord, puis par deux. La première était placée à l'intersection de la route de Bruyères avec celle de Docelles; elle avait pour objectif le château et le cimetière ; la deuxième envoyait ses projectiles dans le bois de la Voivre, où se trouvaient environ soixante gardes nationaux. Pendant ce temps, un escadron de cavalerie tournait le bois par le chemin de Jeuxey à Dogneville, et, suivant l'expression d'un acteur de la scène, ce fut par le plus grand des hasards si nos gardes nationaux ne furent pas tous pris là, *comme dans un bois*. De ce côté alors, la débandade commença. Pendant sept quarts d'heure, soixante-dix hommes s'étaient maintenus contre les troupes que l'on sait (1). Sur l'avis du sergent Bontemps, la retraite s'effectua.

Il n'était que temps. On s'enfuit comme on put. Les uns se jetèrent bravement dans la Moselle, qu'ils traversèrent en un endroit rapide, mais peu profond ; les autres passèrent à l'autre rive, sur une barque, au Saut-le-Cerf.

Le coup de main sur le bois de la Voivre était donc manqué !

A Failloux, l'issue n'était pas plus heureuse.

La 6ᵉ compagnie, sous la conduite d'un capitaine et d'un sergent, s'était engagée à midi moins un quart vers l'ennemi par le faubourg Saint-Michel. Arrivés à l'extrémité du mur supérieur du château, les gardes nationaux aperçurent, se dirigeant à leur rencontre, un homme qui agitait un mouchoir blanc; un sous-officier l'aborde et lit un billet ainsi conçu : « Venez à notre secours; nous cernons environ cent cinquante Prussiens dans la forêt. » Signature illisible. Malheureusement, pendant cet incident, la compagnie qui, jusqu'alors, avait marché dans le plus grand ordre, se débande, chacun allant au hasard, en avant, il est vrai, mais sans s'occuper des appels réitérés de deux clairons d'une extrême jeunesse, mais d'une rare bravoure (2).

Plusieurs se joignirent à ceux qui avaient établi des créneaux dans le mur du château ; d'autres se portèrent dans Failloux, d'autres à la croisée des routes de Jeuxey. Ces derniers sont aussitôt salués depuis la forêt de droite, par une fusillade régulière et nourrie. Ils envoient immédiatement la réplique. Les Prussiens tiraient aussi méthodiquement et avec autant d'insouciance que s'ils eussent été à la cible. On aurait cru les nôtres au Champ-de-Mars. L'action se prolonge ainsi environ cinq quarts d'heure ; mais la supériorité numérique des Prus-

---

1. — Combien sont-ils? demanda un garde national à une paysanne.
— Monsieur, c'est pis qu'une *fremillière*.
2. Blondeau et Poignon.

siens rend la place de plus en plus critique pour nos braves gardes nationaux, qui se décident enfin à battre en retraite, et qui, après avoir longé, en rampant, un fossé d'environ cent mètres, arrivent à Failloux.

Les Prussiens étaient dans la forêt qui s'étend au bas de la ferme. Assaillis par un véritable ouragan de projectiles, quelques gardes nationaux se replient sur le jardin par l'allée des peupliers, une partie d'entre eux s'embusquent derrière chaque accident de terrain. Dix restent dans le vaste enclos de Failloux, et à la partie nord du mur circulaire ils établissent des meurtrières d'où ils canardent avec fureur les rangs ennemis. Les balles prussiennes sifflaient par centaines. Nos dix gardes nationaux essuyèrent cette fusillade et résistèrent pendant plus d'une heure et demie. Après de longues hésitations, et ne sachant trop à combien d'ennemis ils avaient affaire, les paratonnerres s'ébranlèrent ; ils furent aussitôt reçus par un feu plongeant qui dut occasionner plus d'un vide dans leurs rangs. Enfin, les Prussiens commencèrent à exécuter deux mouvements convergents, dans le but de cerner leurs adversaires. Ce ne fut qu'au moment où des balles furent tirées de la direction d'Épinal que les gardes nationaux et quelques pompiers se décidèrent à sortir de l'enclos. Quelques héroïques entêtés voulurent encore continuer le feu. Le caporal Michel, resté seul, sourd aux appels pressants d'un camarade, ne consent point à abandonner son poste. Entouré, il oppose une résistance acharnée. Au moment où il franchit le mur et saute dans le pré qui précède la forêt, il est frappé presque à bout portant de plusieurs balles, haché, lardé de coups de baïonnette, mutilé. Son corps fut retrouvé le surlendemain soir. Autour de lui on ramassa, quelques jours après, plus de trente balles.

Cependant ceux qui avaient essayé de franchir la grille, cernés par deux compagnies de Prussiens, durent rendre les armes. On les conduisit aussitôt dans le fond du pré qui avoisine la grand'route, pour les passer par les armes, car on les prenait pour des francs-tireurs. Heureusement, un officier d'ordonnance arrive au galop, et les fait conduire devant le général. Celui-ci leur demande comment ils sont si peu nombreux. Apprenant qu'ils étaient gardes nationaux, il leur reproche d'avoir tenté une résistance impossible. Puis il les dirige sur Deyvillers. Les soldats chargés de l'exécution de cet ordre font une razzia complète de ce qu'ils trouvent sur leur chemin. Ils ramassent entre autre butin de guerre, comme adversaire dangereux, un pauvre jeune homme *sans bras*, que son père dut accompagner pour le soigner et l'aider à prendre ses repas. Les neuf gardes nationaux restèrent une heure environ dans une grange à Deyvillers. Puis ils furent dirigés sur Epinal, à la suite de l'armée prussienne.

Il y aurait injustice à ne pas citer la conduite du capitaine Bonnin qui, pendant que le lieutenant Maulbon et ses pompiers, le capitaine Kromberg et la 5ᵉ compagnie couvraient efficacement l'extrême gauche, s'établissait dans de solides positions derrière le mur supérieur du cimetière, où malheureusement le feu des batteries allemandes ne lui permit pas de rester aussi longtemps qu'il l'avait espéré. Ce brave officier ne cessa de combattre que lorsqu'un exprès lui eût annoncé que le matériel de la gare, (représentant une valeur de près de quatre millions), et quatre cents blessés de la Bourgonce avaient été sauvés et dirigés sur la ligne de Gray.

A l'extrémité opposée, à la hauteur de Razimont, quelques gardes nationaux occupant une position désastreuse, après s'être comportés avec une énergie peu commune, menacés d'être cernés, mitraillés sans relâche, durent se replier dans la direction d'Uzéfaing.

Quant à celui qui raconte cette brillante et malheureuse défense d'Epinal, s'étant engagé imprudemment dans les champs qui bornent Failloux au nord-ouest, assailli par une pluie de balles, se trouvant au centre même du cercle de fer et de plomb formé par les décharges incessantes des Prussiens, des gardes nationaux, des francs-tireurs qui nous offrirent leur concours actif, et des pompiers, légèrement atteint au pouce de la main gauche, il se vit dans la cruelle nécessité de se replier, et cela, il le constate, en moins bon ordre que certain général trop connu. Au bout de quelques centaines de pas, il rencontre le commandant Martin qui, à ce moment même, recevait à la main une balle égarée. Celui-ci voyant la partie complètement perdue, rallia ses hommes, et les gardes nationaux se rejetèrent précipitamment sur Epinal. Beaucoup ne rentrèrent que le lendemain sous les déguisements les plus invraisemblables ; un certain nombre se rendirent à Besançon et de là furent dirigés sur Lyon. Quelques-uns se joignirent à ces héroïques francs-tireurs de la Vacheresse, et partagèrent l'honneur de leurs plus audacieux coups de main.

A quatre heures de l'après-dînée, l'armée du général Werder entrait dans Epinal.

A quatre heures, la résistance avait cessé. Sur les hauteurs qui dominent Epinal, dans la direction du Nord-Est, apparaissent bientôt et en même temps des nuées de uhlans qui, avec une audace inouïe et par un vrai miracle d'équitation, descendent ces pentes à pic qui séparent le terrain de la Justice des maisons de la place des Vieux-Moulins. Sur le plateau même, au-dessus d'eux, s'installe une batterie d'artillerie prête à mitrailler Epinal au premier signe de résistance. L'objectif naturel des artilleurs prussiens, outre la caserne de cavalerie qui s'étend le long de la rive gauche de la Moselle, était l'immense bâtiment des Docks, qui avoisine la gare. Heureusement, de la part des habitants, qui avaient appris enfin le chiffre formidable de troupes auxquelles ils avaient affaire, rien ne vint provoquer la colère ou la méfiance du vainqueur. Les canons restèrent plusieurs mois braqués sur la ville, silencieux et menaçants.

Vers quatre heures un quart, l'occupation de la ville eut lieu.

Par le faubourg Saint-Michel, la rue Entre-les-deux-Portes, la rue de la Commune, s'abattit avec une pesanteur majestueusement sinistre le corps d'armée du général Werder. Spectacle émouvant et nouveau pour la population, que ce fourmillement étincelant de casques pointus, souvenir de la féodalité, ces myriades de mains lancées et ramenées avec une précision automatique, cette profusion uniforme de bottes crottées, ces visages contractés, farouches, surtout chez les hommes de ce fameux 77e, exclusivement composé de Silésiens.

Le maire, M. Kiener, accompagné de plusieurs conseillers municipaux, réclamé par le général, prenait une attitude des plus courageuses.

Cependant, par l'ordre des Prussiens, les portes, les fenêtres, les persiennes s'ouvraient toutes grandes. A ce moment, arrivaient près de la fontaine de la place des Vosges, et sous bonne escorte, les gardes nationaux faits prisonniers à Faillonx. Un employé des contributions indirectes, M. Colin, voulut serrer la main à l'un d'eux ; repoussé par un soldat et frappé d'un coup de crosse, il s'enfuit dans la rue des Halles, non sans avoir fait mine de riposter. Le Prussien le suit, arme tranquillement son fusil, et au milieu de la foule, tire un premier coup : le malheureux enfant (il avait 19 ans,) pousse un cri déchirant; frappé au dos, il porte vivement la main à sa blessure. Un second coup de feu l'étend raide mort devant la maison de M. Jacoby.

Le propriétaire de cette maison était alors occupé à préparer quelques aliments pour un sergent-major et quelques hommes. Il descend avec ce sous-officier, au bruit de la dernière détonation. Dans l'intervalle, un certain nombre de soldats étaient accourus de la place des Vosges, dans la rue des Halles. Trompés en voyant le cadavre étendu devant le magasin de M. Jacoby, ils se jettent sur celui-ci, qu'ils supposent avoir tiré le premier un coup de feu, le frappent de plusieurs coups de sabre, et se précipitant dans la maison, la mettent au pillage, brisent les meubles, les carreaux, et n'en laissent que les murs et les planchers. (1)

La consternation était universelle.

Quand vint la nuit, bien peu de citoyens se hasardèrent

---

1. Plus tard, l'innocence de cet honorable citoyen fut reconnue, et le préfet prussien, M. Bitter, lui fit accorder une indemnité.

dans les rues. L'auteur de ce récit, ayant à traverser la place des Vosges pour rentrer dans sa demeure, ne cessa d'être sous l'inquiétante protection (qu'il n'avait pas réclamée) d'un officier furieux, qui, le prenant pour un franc-tireur, lui fit l'honneur immérité de le reconduire jusqu'à sa porte, le sabre dégainé et le revolver au poing.

TUÉS DANS LA JOURNÉE DU 12 OCTOBRE 1871

MICHEL (Joseph), marchand de nouveautés, 38 ans. — Caporal de la garde nationale. Son corps ne fut retrouvé que le 14 octobre ; il était affreusement mutilé par les balles et les coups de baïonnette.

FEBVAY (Charles-Auguste), garde national. — Son corps fut relevé quelques jours après l'affaire de Failloux.

DUBOIS (Sébastien), ancien soldat de Crimée. — Essaie d'arrêter l'armée allemande au faubourg Saint-Michel, à la hauteur de la grille du parc du château ; reçoit au-dessus de l'œil gauche une balle qui l'étend roide mort. Garde national.

Un inconnu.

BONTEMPS (Charles), pompier. — Blessure à la cuisse. Amputé, et mort le 24 novembre des suites de l'opération.

COLIN, 20 ans, employé. — Fusillé au moment où il s'approchait des prisonniers faits à Failloux ; a reçu deux balles qui l'ont couché au milieu de la rue des Halles.

BLESSÉS

ENARD, sous-lieutenant de la garde nationale. — Atteint à la hauteur de la cuisse.

BLAMPIN, sergent de la garde nationale. — Blessé au bras et à la poitrine.

ETIENNE, peintre. — Blessé au côté.

MARTIN, commandant de la garde nationale. — Blessé au doigt.

JACOBY, commerçant. — Reçoit des coups de sabre et de baïonnette, au moment où il sort de chez lui, attiré par les coups de feu dirigés contre Colin. Sa maison est mise à sac. Plus tard, une indemnité lui fut allouée.

PRISONNIERS

DUTUTH, sergent.
BOUTIN, père, sergent.
JEANDEL, caporal.
MARCHAL, clairon.
WEILLER, caporal.
HENRI, fils, cordonnier.
PIERRE, fils.
PONTÉCAILLE.
BLAISE.

ÉTAT NOMINATIF

Des hommes composant la compagnie des jeunes volontaires, à la date du 1er octobre 1870.

LAILLET, Edouard, sergent-major. — Après le 12 octobre, engagé volontaire aux légions de marche du Rhône.
VIRRY, Louis, sergent.
PIERRE, Alfred, sergent. — Fait prisonnier le 12 octobre à la défense d'Epinal.
DEMENGEON, Victor, caporal-fourrier.
BAPTISTE, Prosper, caporal. — Engagé après l'occupation d'Epinal aux francs-tireurs de la Délivrance.
PIERRE, Lucien, caporal. — Engagé volontaire dans un bataillon de chasseurs à pied après l'occupation.
VIREPOT, Paul, caporal.
LEYBACH, Alfred, caporal. — Engagé volontaire au 78e de ligne, après l'occupation, devenu 63e de marche.
PRÉVOST, Prosper, tambour.
BESNARD, Ernest, clairon. — Engagé volontaire au 78e de ligne après l'occupation, devenu 63e de marche.
BLONDEAU, Henry, clairon. — Engagé volontaire aux francs-tireurs de la Délivrance.
ARNOULD, Modeste, clairon.
POIGNON, Eugène, clairon.
MARCHAL, Prosper,   soldat.
GNEDINGER, Justin,   id.
DEMANGE, Georges,   id.
RÉVEILLEZ, Emile,   id.
JACQUOT, Charles,   id.
JOYEUX, Lucien,   id.
DIDIER, Baptiste,   id.
HUMBERT, Auguste,   id.
DURAND, Jules,   id.
GIROT, Camille,   id.
VALENCE, Auguste, soldat. — Engagé volontaire aux francs-tireurs, après l'occupation.
FISCHER, Léon,   soldat.
BÉCHERAND, Jules,   id.
SANSONNET, Joseph,   id.
PARMENTELOT, Joseph,   id.
MUNIER, Louis,   id.
COLLINET, Louis,   id.
CHAUDY, Alphonse,   id.
BLANC, Joseph, soldat. — Engagé volontaire au 50e de ligne après l'occupation.
BORDES, Pierre,   soldat.
CONROY, Charles,   id.

Bégard, Auguste,   soldat.
Farinier, Victor,   id.
Grandjean, Olivier,   id.
Aurillon, René,   id.
Simus, Camille,   id.
Membré, Justin,   id.
Charles, Paul,   id.
Zimmermann, Edmond,   id.
Colnenne,   id.
Comte, Auguste,   id.
Mathieu, Victor,   id.
Boilau, Henry, soldat. — Engagé volontaire après l'occupation.
Million, Jean-Charles, soldat. — Engagé volontaire après l'occupation.
André, Louis, soldat.
Dufaure, Auguste, soldat. — Engagé volontaire aux francs-tireurs de la Délivrance, après l'occupation.
Dumont, Alphonse, soldat. — Engagé volontaire aux francs-tireurs de la Délivrance, après l'occupation.

FIN

Epinal. — Imp. BUSY Frères.

www.ingramcontent.com/pod-product-compliance
Lightning Source LLC
Chambersburg PA
CBHW060930050426
42453CB00010B/1931